AF227440

LE

CAMÉLÉON

Prix : 60 cent.

BORDEAUX

IMPRIMERIE G. GOUNOUILHOU

ancien hôtel de l'Archevêché, rue Guiraude, 11.

1863

LE CAMÉLÉON

—

Æstuat, et vitæ disconvenit ordine toto.

L'an 1963, il y aura un siècle que vivait, dans une petite localité du Périgord, un étrange personnage doué de cette « plaisante foy » dont parle Montaigne, « qui ne croid que ce qu'elle croid, que pour n'avoir pas le courage de le descroire ! » Versatile comme le millieu dans lequel il s'agitait, il fredonnait très bien, en le transposant pour voix d'homme, le « Ouy et Nenny » qu'il avait appris sur la lyre de Marot, et chantait la palinodie avec le talent d'un Alceste de théâtre rentré dans les coulisses. Rompre en visière à tout le genre humain n'était point du tout son fait. Se concilier l'estime du plus grand nombre d'honnêtes gens possible en les trompant, voilà la maxime qu'il faut adopter pour jouer son petit rôle dans ce pauvre monde, où les plus roués sont rois. Ce personnage avait encore pour principe, quand ses intérêts étaient en jeu, de changer d'opinion comme on change d'habit et de s'agenouiller à l'ombre du plus haut placé : il bénissait Mahomet d'avoir fait au chat le don de retomber toujours sur ses jambes. Il est mort en jetant ce cri d'angoisse qui résume toute sa vie : « Hélas ! je ne puis dire avec les stoïciens : on m'a tout arraché, mais on ne m'a pas arraché à moi-même !..... »

L'étonnante mobilité de son esprit, qui tournait à tous les vents comme une girouette, et par suite faisait tourner ses idées comme une crème, lui valut le nom sous lequel il est connu depuis dans la contrée : le *Caméléon*. Voici à quel propos il lui fut donné :

Un jour, en février, les compatriotes de l'éminent périgourdin se livraient à de grandes réjouissances. Tout à coup, au millieu de cette foule pétillante comme un feu d'artifice, joyeuse comme un éclat de rire, tombe un homme pâle, tremblant, exténué. On l'entoure, on le presse de questions. « Mes amis, dit-il d'une voix mal assurée, j'enroulais les dernières fleurs d'une couronne de mauves bleues que je destinais à l'arbre que vous venez de planter, quand j'ai vu s'élancer vers moi, de dessous la pierre d'une tombe, un énorme lézard aussi rouge que la jupe de nos femmes. Oh ! tant qu'il me restera un souffle de vie, ses yeux menaçants, sa grande bouche hérissée de dents pointues, sa forme et sa couleur seront gravés là,... là, dans ma pauvre tête en ce moment si malade. » Les paysans se regardèrent dans le blanc des yeux, muets de surprise et de terreur. Le bedeau voulut courir mettre en branle toutes les cloches de la paroisse; ses genoux se dérobèrent sous lui, il resta. Un philanthrope eut la touchante idée de graver sur l'entrée du cimetière l'inscription qui se lit sur la porte de l'Enfer du Dante :

Lasciate ogni speranza, voi che 'ntrate.

Un caméléon !.... mais jusqu'à ce jour c'était un mythe dans les annales du pays. Comment se trouvait-il là? D'où venait-il? Qui sait, peut-être des nues? Ne voit-on pas, après un orage, des crapauds et des êtres informes se traîner et se tordre dans la boue? Peut-être sortait-il des ruines du vieux château démoli en 89 ? Peut-être d'ailleurs? Et les suppositions de commencer, et les cancans de courir et de faire la boule de neige. Deux heures après sa découverte, le saurien avait grossi en raison directe de la multiplication de l'œuf pondu par l'homme de la fable, et, le soir, les habitants de la dernière maison située à l'extrémité de la commune, apprirent avec effroi qu'il avait la taille du *dinotherium giganteum*. Les femmes firent tout de travers ce jour-là. Elles versèrent la soupe dans leur verre et le vin dans leur assiette; leur langue seule remplit bien ses fonctions : elle s'agita comme les ailes d'un moulin à vent, avec une rapidité effrayante pour les enfants et les maris. Ceux-ci ne dormirent pas, ceux-là eurent le cauchemar durant la nuit entière.

Revenu cependant de sa panique, le bedeau s'était empressé de rapporter à M. le curé l'effroyable nouvelle que la Renommée envoyait en notes éclatantes aux quatre coins du Périgord. « Tiens! » fit celui-ci qui pensait en ce moment au solitaire qu'il voyait promener chaque jour derrière son église; « tiens! je le croyais blanc; mais puis qu'il est rouge, j'opèrerai sa conversion.» Le quiproquo était charmant, il resta gravé dans les esprits.

J'ai remarqué que, chez les enfants, le petit garçon beaucoup plus tapageur que la petite fille, exerce sur elle un despotisme absolu que celle-ci subit presque toujours sans mot dire, comme si sa jeune intelligence lui faisait reconnaître déjà l'infériorité de ses forces physiques et morales, et présager l'injuste esclavage auquel l'homme l'assujétira plus tard. Si, poussée à bout de patience, elle se révolte enfin, son tyranneau sait la ramener à lui par une caresse ou un doux mot. Cette peinture ne pourrait-elle expliquer l'influence des esprits forts sur les esprits faibles, le renversement que devait infailliblement opérer le prêtre dans les idées du Caméléon? C'est un défaut inhérent à notre paresseuse nature, qui nous porte à marcher sur la foi d'autrui, en vrais moutons de Panurge.

Ducimur, ut nervis alienis mobile lignum.

Que se passa-t-il durant cette entrevue? Personne ne l'a jamais su; ce quart d'heure est resté apocryphe dans la chronique du pays. En cette circonstance, comme en beaucoup d'autres, le prêtre triompha : de rouge qu'il était d'abord, le Caméléon devint blanc. Et pour tirer une grande moralité de ce petit fait, ainsi fut justifiée une fois de plus cette parole de l'écriture : «Quand même vos péchés seraient rouges comme le cramoisi, je les rendrai blancs comme la neige. »

On a écrit la métamorphose des femmes, un livre reste à faire sur la métamorphose des hommes. Ce n'est point un tel ouvrage que je me propose aujourd'hui de vous mettre sous les yeux. Les bornes étroites dans lesquelles j'ai restreint mon sujet ne sauraient le comporter, et mes intentions, du reste, ne vont pas si loin. Contenter mon lecteur avec peu de matière, voilà le but que je m'efforcerai d'atteindre.

*

1830 fit courir un frisson par toute la France. Ceux qui ne tremblèrent pas de peur grelottèrent de froid. La température, en effet, s'abaissa tellement, que les astronomes ne furent pas éloignés de croire que la terre avait franchi en un bond l'espace déviatoire qu'une marche de plusieurs siècles rend à peine sensible. L'Afrique était devenue Sibérie, et la Sibérie Afrique. Quel choc avait pu produire une telle révolution? on n'en savait rien. La cause était inconnue, mais le fait patent. On gelait dans son lit, on gelait près de son feu, on gelait partout. Chacun sciait sa ration de pain et de vin, tout le monde était scié (pardon!). Les rivières, entièrement gelées, étaient érigées en chemins publics. Les chevaux, ferrés à glace, y roulaient de pesants fardeaux sur de lourdes charrettes. Quelques imprudents firent même des crêpes au milieu de la Dordogne.

Mathieu possédait un âne pour tout bien. Un jour qu'il se disposait à faire un long voyage, il se rendit à l'écurie pour apprêter sa monture. La pauvre bête n'avait pas touché à son foin. « Eh bien, Carabis, lui dit son maître, tu n'as donc pas faim? » L'âne ne lui fit aucune réponse et sembla même ne pas s'apercevoir de sa présence. « Veux-tu bien t'éveiller, vilaine bête! » s'écria Mathieu en le secouant avec vigueur. Carabis roula par terre : il était gelé. La Mort, trop fatalement versée dans l'hippiatrique, lui avait fait avaler le meilleur des lénitifs.

A la vue des souffrances de leur peuple, les monarques s'étaient proposé l'échange de leurs royaumes, de telle sorte que les Français auraient émigré en Laponie et les Lapons et France ; les Arabes seraient allés, au galop de leurs fougueux coursiers, réchauffer leurs membres transis au soleil ardent du nord de la Sibérie, etc., etc..... Le vieux monde végétal aurait été détruit pour faire place à un nouveau, et les ouvrages dans lesquels Jussieu et Linnée exposent le système de leurs classifications auraient eu le triste sort des œuvres de Châteaubriand, celui de se transformer en cornets de tabac.

Après Atala

Holà !

Mais après René

Ho hé !

Rien de tout cela n'arriva. La nature quitta son manteau de neiges et de glaces qui transformaient les plaines de la France en steppes immenses, pour revêtir sa verte parure des champs. Elle sortit comme sort un papillon de sa chrysalide, rayonnante sous le soleil du printemps. La terre n'avait pas dévié dans sa marche.

Le Caméléon, qui, à cette époque, était blanc comme la neige qui se déroulait sous ses yeux, fit un serment qu'il appela « serment d'Annibal, » et d'autres, plus sensés peut-être, « serment d'animal. » Il jura qu'il se vengerait sur la postérité de la perte de Mathieu, son père, et qu'il deviendrait riche, dût-il pour cela changer autant de fois d'opinions qu'il avait de cheveux sur la tête. Il tint sa promesse. Quand la révolution de 1830 éclata, il arbora le drapeau rouge, et fut plus rouge que lui. Il monta sur une tribune improvisée, et raconta à ses compatriotes, réunis en place publique, l'histoire de la liberté, avec la même éloquence qu'il déploya plus tard dans ses harangues aux princes du sang.

« En 1096, leur dit-il, l'ignorance couvrait les peuples de son voile ténébreux. Elle était à la mode, favorisée. Les seigneurs auraient cru déroger à leur rang, à leur dignité, à leur majestueuse grandeur, en remplaçant dans leur main redoutable la dague sanglante par une plume noircie d'une matière puante, méprisée. Leur était-il donc nécessaire de savoir griffonner quelques caractères diaboliques que les prêtres formaient dans leurs mystérieuses incantations? Pouvaient-ils se résoudre sérieusement à remplacer les chasses qui occupaient leurs moments de loisirs par les lectures d'ouvrages ennuyeux composés par un Cicéron, un Virgile et tant d'autres auteurs, faits pour encenser un peuple ou un roi dans une tirade pompeuse, dans un distique rampant?... L'affirmative serait un non-sens, une folie. Que leur importaient les événements qui s'étaient accomplis dans une époque si reculée, que la tradition seule en avait conservé le souvenir dans des fables incroyables? — Ils étaient le centre de leur petit monde; en eux se résumaient le passé, le présent et l'avenir : c'était l'âme de leurs ancêtres qui animait leur corps et les instituait les chefs d'un peuple né pour les servir, de même que leur descendant hériterait de leurs charges et de leur pouvoir quand la dernière parcelle de leur âme serait allée rejoindre le feu vital dont ils l'avaient animé. Ces raisonnements étaient insaisissables à cause des ténèbres profondes dans lesquelles ils se formaient. La philosophie, la religion, l'ignorance, la brutalité, la superstition, s'embrouillaient, se débrouillaient dans leur cerveau, se disputaient les actions de ces natures chez lesquelles l'instinct l'emportait souvent sur la raison. On y voyait le doigt du prêtre. Ces Messieurs ont toujours pensé qu'il y a un cercle d'erreurs qu'il faut avoir parcouru avant d'arriver aux véritables solutions. Ils disent, avec Bacon : L'erreur enseigne la vérité.

» Ici, l'ignorance était nécessaire, car d'elle devait éclore le premier germe de liberté. Pierre l'Ermite le porta de Jérusalem, le déposa au fond des cœurs et l'y développa par sa prédication de la Croisade contre les Musulmans.

» Alors, à l'ouïe des prêtres qui parcouraient les campagnes, le front couvert d'une plaie sanglante incisée en forme de croix, les serfs commencèrent à se réveiller de leur long sommeil. Ils prêtèrent l'oreille à leurs discours et se rappelèrent qu'ils étaient des hommes aussi bien que leur seigneur qui les traitait en brutes. Dès ce moment fut assuré le succès de l'expédition. Ils brisèrent les chaînes qui les meurtrissaient depuis des siècles et s'enrôlèrent sous la bannière du Christ. Que leur importaient les lieux vers lesquels on les entraînait, le but qu'ils poursuivaient? Pour eux, la croix rouge, c'était la liberté, mot qu'ils ne savaient définir, mais qui résonnait doucement à leur oreille et faisait palpiter leur cœur. La liberté, c'était l'éloignement de cette terre qu'ils arrosaient de père en fils de leur sueur et de leurs larmes; la fuite de ce maître sévère, inflexible, inhumain, qui les fustigeait quand leurs membres accablés de fatigue se refusaient au travail. Et ils couraient comme des insensés vers la terre où les attendaient le bonheur et le repos éternel. Faut-il les accuser de n'avoir eu ni volonté pour réfléchir, ni intelligence pour comprendre, eux qui étaient habitués à une obéissance passive, qui n'avaient pas le droit de peser un ordre reçu? — Le peuple était un pantin qui avait pour fil son seigneur et le clergé pour main motrice.

» Mais là seulement n'était pas le but des croisades. Urbain II voulait briser cette féodalité puissante, redoutable, qui menaçait d'étouffer l'Église; et l'émancipation de quelques milliers de serfs ne suffisait pas; il fallait aussi éloigner les nobles, qui faisaient sans cesse couler des flots de sang en jetant un blasphème à la

Divinité. La tâche était difficile. Pour les y contraindre, les anathèmes durent fulminer et les menaces retentir du haut des trônes. Ils partirent enfin sous un ciel gros d'orage. Le tonnerre, qui grondait sourdement au-dessus de leur tête, semblait annoncer l'affranchissement des communes, tandis qu'à l'horizon se détachait, au milieu d'un brillant météore, la date funeste et bénie de 89.

» Cette entreprise de nos pères était une folie, c'est vrai; mais les résultats n'en furent-ils point heureux? Des croisades, comme de la grande Révolution française, il est sorti des fruits à jamais bénis. Les inondations du Nil fécondent les terrains de l'Égypte; de même, ces torrents de sang répandus pour la France ont fait progresser ses institutions, germer des lois utiles, grandir son front auguste. Les moyens sont déplorables, mais la fin a fait oublier les moyens. Oublions donc, puisque le malheur ne nous aiguillonne plus; arrêtons-nous aux conséquences sans nous inquiéter des obstacles qu'il a fallu renverser, des têtes qu'il a fallu trancher comme autant de nœuds gordiens qui entravaient le triomphe d'une idée, la marche du progrès. Le régime de la Terreur a été victime de ses opinions : pardonnons-lui. Quant à Robespierre, Danton, Marat et les autres, nous ne devons que les plaindre, et voir en eux des malheureux qui ont été emportés trop loin par le concours des circonstances et leur opiniâtreté à servir leurs erreurs. »

Voilà comment parlait le démocrate. Voici en quels termes s'exprimait le royaliste :

« La France a beau faire, elle ne réussira jamais, ou seulement dans une époque très reculée, à se constituer en république, à cause d'un tas de freluquets qui, se posant en Charles XII parce qu'ils sont abstèmes et portent pour enseigne héraldique une robe d'avocat sur une cuirasse de chenapan, veulent accaparer le pouvoir et surtout le trésor; puis, quand ils sont blasés de mets royaux, ils s'abreuvent du sang de ceux qui ont mis obstacle à leur proclamation, sans crainte du peuple qu'ils gagnent en lui offrant des spectacles et du pain. *Panem et circenses!*... c'était le cri du peuple romain. Nous trouverions encore de nos jours des fanatiques semblables à Robespierre, Danton, Marat, Saint-Just, et tant d'autres dont les noms sont voués à l'exécration éternelle du genre humain. J'ai connu des misérables qui se préparaient des prosélytes pour les hautes œuvres, dans la personne de vils ilotes abrutis par l'indigence, à qui ils faisaient croire que la disette et les maladies provenaient des arcanes de personnages haut placés. »

Tel a été, à diverses époques de sa vie, le langage du Caméléon. N'est-il pas monstrueux de voir une langue humaine terminée par deux dards qui infusent à la fois leur venin, l'un dans le parti républicain, l'autre dans le parti royaliste? Car je n'ai pas tout dit. Il a existé dans un même homme deux opinions diamétralement opposées, qui, loin de s'annihiler, se soutenaient l'une l'autre en se conciliant les partis contraires et profitant de leurs secrets desseins indignement pénétrés. C'est bas, c'est infâme, mais cela a été. Un tel homme devrait porter au front le stigmate flétrissant de la société révoltée; on devrait le souffleter, lui cracher au visage, le traîner dans la boue, le reléguer parmi les brutes, le renier comme un monstre! On devrait, allons donc! La justice, qui punit le malfaiteur, ne punit pas le félon, elle le protége plutôt; car c'est le protéger que le tolérer. Mais ce que la justice humaine ne peut faire, la justice divine le fera. En attendant, laissons le vice s'élever, tandis que la vertu reste sans récompense; laissons le Caméléon prospérer, sourire à la Fortune qui lui verse l'or à pleines mains, tandis que la plupart de ses honnêtes compatriotes manquent du strict nécessaire.

Caméléon, si dans une autre vie tu t'occupes encore des choses de ce monde, je te propose M. Proudhon pour modèle. Médite ces paroles par lesquelles il termine sa dernière brochure, et connais enfin ce que c'est qu'un langage loyal :

« En vous tenant ce langage, vétérans de la démocratie, dit M. Proudhon, je suis sans intérêt, puisque j'ai fait scission avec vous, et que je ne cherche pas de rapprochement. Eh! que pourrais-je souhaiter de mieux pour ma propre gloire que de vous voir déshonorés, noyés dans cette mare électorale? Ne sais-je pas que les partis ont souvent besoin de se rajeunir; que, vous perdus par la plus sotte tactique, votre succession serait ouverte, et que ce serait à mes amis et à moi de reprendre ce drapeau du suffrage universel que vous n'auriez pas su porter?... Mais, je vous le dis en toute franchise, telles ne sont point, telles n'ont jamais été mes visées. Je suis avant tout, vous devriez le savoir, homme de principes et de logique : mes études suffisent à mon ambition. Ma récompense sera grande à mes yeux, si je suis assez heureux pour contribuer au triomphe de l'idée commune. A cet égard, j'irai jusqu'à dire, et vous finirez par le reconnaître, que je sers mieux la Révolution, que je vous suis à vous-mêmes plus utile, surtout plus commode, en conservant mon indépendance, que si je restais avec vous. Que je voie la liberté se relever, les principes s'affermir, même par des mains rivales, et je suis content. Ne cherchez pas, démocrates, d'autre motif à cette exhortation, aussi désintéressée que loyale. »

Voilà qui s'appelle parler la main sur le cœur. De telles paroles ne demandent pas de commentaires, elles réclament l'approbation. Voyons ! on est homme ou on ne l'est pas. Si l'on est homme, il faut agir comme tel, marcher dans le chemin de l'honneur, fuir tout ce qui est mauvais, que cela s'appelle opinions rançonnées, visées égoïstes et criminelles, ou même projets innocents dans le principe, mais dont les conséquences seront fatales, soit à un simple particulier, soit à la société tout entière ; si on ne l'est pas, il faut agir avec un masque sur le visage, de manière à cacher sous les apparences les actes de sa scélératesse. Médite encore ce paragraphe, Caméléon, et vois ensuite ce que tu aurais à faire si Dieu te permettait de recommencer ta vie, ou tout au moins de la continuer.

Un matin que le Caméléon se promenait dans le cimetière, selon sa vieille habitude, M. le Curé vint le joindre et lui parla fort sérieusement pendant une demi-heure. Il lui démontra que le mariage est la clé de tous les postes, qu'il mène à tout, même à la députation. « Vous n'avez point, lui dit-il, ce qu'on appelle une instruction solide, qui repose sur de bonnes bases ; votre fonds a été mal cultivé, voilà pourquoi vos idées s'en vont un peu à la débandade ; mais vous savez très bien vous adapter les opinions des autres, vous raisonnez fort bien avec leurs idées ; mariez-vous, vous ajouterez ainsi à vous-même la moitié qui vous manque, la ruse féminine ; votre raison mûrira ; puis, espérez ! » Le Caméléon, qui, selon sa propre expression, avait épousé le célibat, n'hésita pas, en entrevoyant les perspectives azurées de ce bel avenir, à faire divorce avec ses principes erronés, et tendit la tête au joug La députation, grand Dieu ! mais c'était la croix de la légion d'honneur! Il la voyait déjà luire à sa boutonnière, son cœur battait à rompre sa poitrine... il embrassa le prêtre. Son mariage fut décidé, le jour en fut fixé; peu lui importait la femme : il épousait la députation.

La veille de son mariage, il écrivait à un de ses amis :

« Je suis heureux, elle m'aime! Or, je te le demande, une femme qui aime peut-elle avoir au fond de son cœur un repli secret où elle cache les pensées qu'elle ne veut pas laisser pénétrer à son amant? Non. Elle ne lui cache rien, elle lui dévoile tout, jusqu'à ses défauts, avec une naïveté adorable. Elle lui parle sans détours, sans refroidir ses phrases des glaces de la circonlocution, sans les assaisonner de mots choisis, d'expressions gréco-françaises; elle lui parle, en un mot comme en mille, le langage de la passion, ce langage que dut bégayer Adam à notre première mère en savourant avec elle le fruit défendu. Point de ces compliments froids que donne l'habitude du grand monde, qui sentent le courtisan musqué et les *pacta conventa* du roi des... Lovelaces, parfumés avec du patchouli; point de ces roucoulements amoureux qui sont intarissables d'une éloquence empruntée à Jean-Jacques; point de ces rougeurs ou de ces pâleurs subites qui dénoncent l'actrice à l'œil le moins exercé; point de cette sensibilité feinte, de cette vertu farouche, à dents de citrouille, qui permettent et défendent tour à tour!... L'amour vrai doit être naïf et franc — ce qui ne veut pas dire français. Telle est Adeline. Elle m'a ouvert son cœur; je peux m'y contempler comme dans une glace, y lire comme dans un livre. Je l'aime, enfin; c'est elle qu'il me faut toujours aimer. »

Un mois après, il envoyait au même, pour expliquer ses relations avec Rosa, Rosette ou Rosalie, une lettre ainsi conçue :

« Le mariage est une bêtise, chante sur tous les tons la Bohême galante. Elle n'a pas tout à fait tort. Pour que le mariage, qu'il soit d'amour, de convenance ou d'intérêt, fasse le bonheur de deux époux, il faut que leurs caractères soient parfaitement en harmonie ou diamétralement opposés. Les divers degrés compris entre ces deux extrêmes entraînent des conséquences déplorables. Un accord d'une monotonie désespérante, il est vrai, existe dans le premier cas; mais il existe jusqu'à la dernière heure. Comment se fait-il que, dans le second cas, le bonheur puisse se maintenir sous l'épée menaçante de Damoclès? — Les raisons en ont été données dans tous les livres; elles se résument toutes dans l'inconséquence de la nature humaine.

» On dit, — note, cher ami, que presque tous les écrivains sont des célibataires, — on dit que les enfants relient plus étroitement, renouent même un nœud près de se relâcher ou tout à fait détendu. C'est facile à dire; ces mots ne sonnent pas mal dans une lettre de condoléance. Mais si une pensée incessante, poignante, se dresse devant vous, terrible comme le simulacre d'Osiris, et vous dit : « Ces enfants ne sont pas les tiens! » votre consolation deviendra dérisoire; elle sera comme une lamie qui dévorera ces petits êtres innocents..... O bonhomme de mari, que plonge dans une aveugle joie la naissance d'un fils adoré dès les entrailles de sa mère, que deviendras-tu quand le soleil aura détaché les ailes d'Icare que ta femme infidèle avait fixées à ton corps avec de la cire, et qu'il aura projeté ses rayons convergents sur ton front bossué!.....

» Avant mon mariage, toutes les femmes étaient pour moi des Hélènes infidèles aux messieurs qui portent le titre de maris, que leur nom soit Ménélas, La Fontaine ou Molière, en faveur de Pâris modernes, gandins tirés à quatre épingles, auxquels elles prodiguent de douces caresses. Je le dis hautement, je regardais cette règle comme sans exception... Ma longue expérience me permettait de juger ce sexe... ophidien en psylle qui n'en est pas à ses premiers essais.

» Eh bien, cher, je me trompais. J'ai épousé une Lucrèce. Elle m'aime jusqu'à la jalousie. Elle craint une infidélité, me surveille avec des yeux d'Argus, m'interroge quand je rentre, me fait des exhortations quand je sors, me parle de l'église, de Dieu, de ses commandements, etc., etc. Tu comprends qu'avec mes idées de célibataire, que j'ai conservées en épousant non une femme, mais un poste, la position est insoutenable. Le pire, dans tout cela, c'est qu'elle n'admet que l'amour platonique, et m'en fait, pour que je les mette en pratique, des théories d'une incomparable bêtise. Elle ne veut pas comprendre qu'il n'existe plus depuis que le diable a soufflé son haleine empoisonnée sur la créature privilégiée de Dieu. Dubartas a beau crier au paganisme; les moralistes au relâchement des mœurs, à la dégradation du genre

humain; le misanthrope mettre l'homme en capilotade, le vilipen-
der, l'accabler de ses hyperboles écrasantes..., notre faute découle
naturellement de celle de notre premier père. Si l'amour platonique
existait, le péché originel, qui grave son empreinte sur le front
de chacun de nous dès notre conception dans le ventre de notre
mère, cesserait d'être aussitôt. Et pourquoi naîtrions-nous alors,
bon Dieu! puisque notre passage ici-bas ne serait plus un temps
d'épreuves? Ne serait-il pas plus naturel à nos âmes de rester
confondues dans le sein du Grand Être, que de venir animer un
peu de matière incorruptible, insensible aux caresses de la femme,
sourde aux sons voluptueux des flûtes du jardin d'Armide?..... Si
notre vie coulait doucement, comme un fleuve sans tempêtes, au
milieu d'une vallée sans larmes; si toujours les mêmes zéphyrs
venaient nous caresser de leur tiède haleine, les mêmes parfums
nous enivrer de leurs fades douceurs..., nous serions dans un état
constant de spasme, et, cédant aux effets de cette nature soporative,
nous serions plongés dans le sommeil léthargique du Chinois qui
vient de fumer de l'opium. Oui, le péché originel ne peut être
détruit sans que nous le soyons avec lui, et l'amour platonique est
un contre-sens qu'on ne peut pardonner qu'à un philosophe païen.

» Si Belzébuth n'avait soufflé les globes de Marion, elle serait
une sainte-nitouche. Si Marion ne les avait montrés à Fripard, il
ne serait pas un contempteur enragé de la vertu. A qui la faute?
A Belzébuth, à Marion ou à Fripard?... Dans ces trois lignes est
contenue toute l'histoire de notre amour.

» Tu comprends que de telles idées ne s'accordent pas avec le
puritanisme de ma femme. Aussi s'élève-t-il souvent entre nous
des altercations à ce propos, et répété-je chaque fois avec la
bohême cette phrase qui est devenue mon *delenda Carthago :* Le
mariage est une bêtise.

» Voilà pourquoi, cher ami, j'ai noué de délicieuses relations
avec la charmante Rosa, Rosette ou Rosalie, comme il te plaira,
une fille aussi belle, aussi suave que la fleur dont elle tire son
nom, la femme la plus adorable en un mot..., parce que je ne
suis pas son mari. Le monde, qui ignore les scènes que je viens
de te narrer et qui se sont passées à huis-clos, a jeté le blâme
sur ma conduite; à toi de me réhabiliter quand je serai mort, ou
plus tôt si tu le juges nécessaire. »

Il savait bien, le Caméléon, que son officieux ami ne garderait pas le secret, qu'il inventerait une histoire à son profit, et que les personnes qui le fuyaient depuis quelques jours se rapprocheraient de lui et tâcheraient de faire oublier leur injuste haine en l'honorant d'une estime illimitée. Une femme charitable, comme il s'en rencontre tant dans ces pénibles circonstances, se chargea de faire parvenir aux oreilles de la pauvre Adeline les propos qui couraient sur son compte. Elle ne la croyait point coupable de tout ce qu'on lui imputait; mais enfin, par amitié pour elle, elle avait voulu l'avertir... Semblable aux enfants qu'on a battus injustement, Adeline s'obstina à ne pas vouloir prouver son innocence. Un silence méprisant lui parut préférable. Elle souffrait, mais elle jouissait en victime qui n'a rien à se reprocher. Elle éprouvait ce que le poète anglais exprime si bien par ces mots : *The joy of grief.*

« Elle ne se défend pas, donc elle est coupable, » dit la foudroyante logique des femmes : là-dessus, elles approuvèrent la passion du Caméléon pour Rosette ou Rosalie. Adeline fut bafouée, Rosalie élevée aux nues.

Quelques jours après, pour jouer son rôle jusqu'au bout, le Caméléon s'en vint trouver M. le Curé et lui fit part des doutes qui étaient nés en lui par suite de violentes querelles d'intérieur.

— J'ai fouillé, lui dit-il, dans les saintes Écritures pour affermir ma croyance en Dieu; mais plus j'ai voulu sonder les mystères qui y sont renfermés, plus ma raison s'est égarée dans des méandres qui nous conduisent au milieu d'un dédale inextricable de métaphores, où le fil conducteur nous est même refusé.

— Nous sommes, répartit le prêtre, le centre d'un cercle de mystères qui tourne autour de nous et nous éblouit, sans que notre œil puisse en discerner un seul, comme ce disque sur lequel sont peintes les sept couleurs et auquel on imprime un rapide mouvement de rotation : toutes ces couleurs se confondent en une seule, qui fait éprouver à notre rétine la sensation du blanc. La clé de ces mystères se trouve renfermée dans ce mot qui sort à chaque instant de notre bouche : Dieu! Pourquoi cherchez-vous à expliquer ce que la raison humaine est incapable de pénétrer?

— Cherchez et vous trouverez, dit l'Évangile. En examinant une question sous toutes ses faces, on peut découvrir des vérités qui nous avaient d'abord échappé, guides sûrs perdus au milieu des ténèbres de l'erreur; jeter la lumière au milieu de pensées obscures, expliquer l'inconnu.

— Chercher à expliquer la religion est un doute. On la suit en enfant docile. Plus la raison veut pénétrer, plus elle s'égare, comme vous l'avez fort bien dit tout à l'heure.

— Il aurait donc fallu nous borner aux découvertes des anciens, et laisser la science à l'état de chrysalide? Le progrès serait un fléau...

— La véritable science n'a fait que confirmer les récits des Écritures. Mais la nature de ces deux branches diffère essentiellement. La religion repose sur des fondements inébranlables; la science, sur des principes amovibles et hypothétiques. Néophyte aujourd'hui dans celle-là, vous pouvez être patriarche demain; disciple dans celle-ci, vous ne pouvez aspirer qu'à une savante ignorance.

— En vertu de ces paroles d'un ancien philosophe : « Ce que je sais, c'est que je ne sais rien, » vous blâmez le rationalisme?

— Oui, parce que de la religion vous faites une philosophie.

— La philosophie n'est pas à dédaigner.

— Cependant, le christianisme a éclipsé ses plus belles théories.

— Grâce à la paresse des hommes. Ils ont trouvé l'Évangile tout fait, ils l'ont préféré à une philosophie qui était à faire.

— Vous avez fort bien dit « qui était à faire, » car toutes les philosophies sont plus ou moins bêtes. Qu'est-ce que ce globe terraqué, formé par des atomes dans cet espace effroyable qu'on appelle l'infini? Comment! sous le souffle du Hasard, des divisions impalpables qui ne sont rien, se seraient agglomérées pour former un tout qui serait la création ? Eh bien! roi de l'univers, homme orgueilleux qui tire vanité de ta raison, les philosophes te donnent pour père le Hasard, et tu ne te révoltes pas? Tu ne leur dis pas : « Épicure, Démocrite, vos théories sont absurdes, votre invention du *clinamen* est stupide! Pyrrhon, tu es un ignorant entêté qui ne veux pas nier la beauté du mal ni affirmer les plaisirs des sens. Zénon, ta fermeté est une imposture; si tes yeux sont toujours secs en présence de l'humanité, ton cœur verse bien souvent en secret des larmes amères. Pythagore, Platon, faites de nous des Galles, et nous pourrons nous vouer à des pratiques austères, vivre chastement au milieu d'un sérail. Spinosa, pour suivre ton système, il faudrait se tenir tranquillement dans son lit de peur d'écraser quelque aimable parasite, et se laisser mourir de faim de peur de mordre le bon Dieu, etc. Conclusion : Épicure, Démocrite, Pyrrhon, Zénon, Pythagore, Platon, Spinosa, vous êtes tous des imbéciles!... »

— Mais, monsieur le Curé, reprit le Caméléon qui doutait encore ou du moins voulait le faire croire, si l'homme, ce grain de sable sur la terre, ce néant dans l'infini, cet être impuissant dans sa puissance, n'a pour père le Hasard, pourquoi laisse-t-il donc errer ses pensées sans jamais les fixer sur des choses sérieuses? Pourquoi ne songe-t-il pas à son avenir?

— *Ne sutor supra crepidam*, dit le prêtre ennuyé. Laissez-moi le soin de vous expliquer le dimanche, dans ma chaire, la parole divine. Quant à vous, allez auprès de votre femme, vivez avec elle en bonne intelligence et pensez à votre députation. Je vous réserve une surprise.

Cela dit, il lui tourna le dos et s'en alla en grommelant : *stultorum infinitus est numerus*. Alors le Caméléon se rappela son serment « d'Annibal » selon lui, « d'animal » selon d'autres. Aquérons des richesses, se dit-il en parodiant l'Évangile, et toutes les autres choses nous seront données par-dessus. L'or, c'est le mobile qu'il fallait à Archimède pour soulever le monde. C'est lui qui nous rend maîtres et puissants; c'est notre seul but. Notre siècle est le siècle de l'or. Nous immolons tout au veau d'or... Le gentilhomme oublie ses titres de noblesse pour se jeter dans le commerce; le bourgeois se dépouille de sa timidité pour se lancer dans des spéculations hardies; l'homme du peuple lui-même rêve de fortune et voit, tandis que ses enfants manquent de pain, un monceau d'or s'élever à travers la fumée de sa pipe et les vapeurs du vin qui lui montent au cerveau.... Quand la fièvre du commerce nous tient, rien ne peut l'apaiser. Le tracas, les entreprises hasardeuses, la cruelle incertitude entre le gain et la perte; tout cela n'est que jouissance pour nous, et nous nous avançons de plus en plus enivrés.... Entassons! cumulons! thésaurisons! Que ma chambre soit tapissée de billets de banque, parquetée de pièces de cent sous! Que mes meubles regorgent de richesses, que l'or brille partout! De l'or! j'ai soif d'or, j'en veux!.... Fortune, souris-moi toujours; Destin, favorise mes entreprises; Avenir, réponds à mes espérances. Ah! passé, fatal passé, tu as voulu m'enlever mes moyens d'exécution, me plonger dans les bas-fonds de la misère pour lesquels je n'étais pas né; je te défie, je m'élèverai aux grandeurs, je planerai comme l'aigle dans les hauteurs inexpugnables, je me vengerai, et ma vengeance sera terrible!... Je serai heureux, et je fermerai les oreilles aux cris de détresse qui retentiront autour de moi. J'aspire à la députation, j'y arriverai. Je n'ai qu'à dire je veux, pour avoir; je ne veux pas, pour que tout soit refusé. Il me faut, pour réaliser mes desseins, des protections, des voix qui proclament mes bienfaits; j'en aurai. Je bâtirai des usines, je donnerai du travail à des ouvriers indigents qui me béniront et feront retentir le Périgord du bruit de mes largesses; les personnages haut placés avec lesquels j'entretiendrai des relations commerciales, me soutiendront de tout leur pouvoir, m'élèveront peu à peu sur le piedestal d'où je les écraserai. Oh! j'ai de l'ambition, une ambition effrénée, qui équivaut au génie, qui y fait croire si elle n'en donne pas en realité.... Croix d'honneur que je vois luire comme une étoile à l'horizon de mes espérances, je te décrocherai de mon ciel pour te suspendre à ma boutonnière. Laisse-moi monter un peu plus haut; quelques degrés encore et je te saisis, tu es à moi!.... Eh quoi! ne te mérité-je pas autant que ce personnage compassé, cet astronome qui a passé sa vie à démontrer que Galilée est un imbécile; que les livres dans lesquels est expliqué le mouvement de la terre autour du soleil, sont stupides; ne te mérité-je pas autant que ce gros propriétaire qui n'a rien fait pour son pays; que cet avocat qui a perdu tous ses procès?

Tel était le langage du Caméléon. Le soir, avant de se coucher, il buvait un verre d'eau pour rêver de sa croix d'honneur; et quand son rêve réalisait ses espérances, il s'éveillait contrarié, en grommelant : Tout songe est mensonge. Une nuit il eut un cauchemar affreux. Tous ses projets, entassés pêle-mêle, pesaient horriblement sur sa poitrine en feu. Il se sentait écrasé là-dessous, il étouffait. Tout à coup retentit une voix formidable qui dit : « Tu bâtis sur le vide, tu n'arriveras jamais à rien. » Il s'éveilla en sursaut; il était couché le ventre en l'air. Depuis, il a quitté le régime de l'eau pour ne boire que du vin.

Qui a dit que l'ambition de l'or rend notre âme insensible? Profonde vérité qu'on peut poser en règle générale, qui ne souffre même pas d'exception. Quand une telle ambition s'empare de l'homme, il n'a plus d'autres sentiments que des sentiments intéressés. Parents, amis, tous ceux qui ne peuvent lui servir de marche-pied, contribuer de quelque manière à l'avancement de sa fortune, lui sont indifférents; il ne lui faut pas, il lui faut plus que de l'amité : — de l'or! Son imagination court en folle du logis, tantôt dans les mines du Pérou, tantôt dans la caverne des voleurs découverte par Ali-Baba. « Sésame, ouvre-toi! » Voilà son mot d'ordre.

Cependant, bien des années s'étaient écoulées sans que le Caméléon eût réalisé ses espérances. Sa fortune flottait toujours entre la hausse et la baisse. Il avait dépensé la plus grande partie de ses forces dans une lutte désespérée ; il se sentait épuisé, il voyait approcher la mort. Que faire? que devenir? Fallait-il échouer au port, sombrer les voiles déployées? Cette pensée le faisait frissonner, il ne pouvait s'y résoudre. Il lui restait encore un peu d'espoir, mais si peu qu'il commençait à désespérer sérieusement.

Dans cette occurence vint à passer un prince du sang. L'occasion était belle, le Caméléon s'y cramponna comme le noyé se cramponne à la branche de salut. L'heure des élections sonnait; c'était le moment d'agir. Décidément le ciel se mêlait de ses affaires; il avait enfin pitié de lui et lui envoyait ce prince tout exprès pour couronner ses efforts si persévérants, si dignes d'une récompense du chef de l'État. L'espoir renaquit dans cet esprit blasé et s'y enracina d'autant plus fortement qu'il en avait plus longtemps été banni. Il passa toute une nuit à méditer sa règle de conduite, à combiner les préparatifs d'une splendide réception, et le lendemain il se leva, les yeux rouges, le sourire sur les lèvres.

Le grand jour arrivé, les fleurs foisonnaient, les guirlandes s'enroulaient, se déroulaient, fuyaient en contours capricieux le long des murailles; les drapeaux déployés flottaient au gré des vents; les arcs de triomphe s'élançaient hardiment vers les nues, ainsi qu'on se donna la peine de vous le décrire dans un journal. A dix heures très précises, tous les paysans, rangés des deux côtés de la route, étaient à leur poste. Je me trompe : quatre hommes qui avaient reçu l'ordre de se rendre l'arme au bras, manquaient à l'appel. Enfin la voiture arriva, les chevaux s'arrêtèrent!.... Les paysans mirent le chapeau à la main, le maire se cacha derrière le drapeau qu'il pressait avec émotion, tandis que le héros de la journée débitait, au milieu du plus profond silence, un petit discours qui produisit son effet comme dans toutes les circonstances analogues.

Le prince était parti depuis un quart-d'heure, quand arriva, essoufflé, exténué, près de défaillir, le curé de l'endroit avec sa harangue sous le bras. Tout le monde rit : — La comédie était jouée.

Le Caméléon rayonnait; ce n'était plus le même homme. Son air triomphant semblait dire : « *Vici, væ victis!* » Mais, hélas! il ne faut pas plus compter sur les promesses d'un prince que sur le temps prédit par l'almanach, fût-il de Mathieu (de la Drôme). Votre demande se perd au milieu des grandes affaires qui l'absorbent, comme disparaît la goutte d'eau dans le sein de l'Océan. Les mois, les années, s'écoulèrent sans que le Caméléon reçût aucune nouvelle de sa députation. Et sa croix d'honneur? demanderez-vous sans doute. Mais elle brillait.... elle brillait toujours à l'horizon de ses espérances.

Vieilli, cassé par tant de déceptions, le pauvre homme mourut le 31 mai, d'une attaque d'apoplexie foudroyante, au moment où ses concitoyens, trop lents à reconnaître ses mérites, allaient le nommer maire. De tous les postes qu'il avait ambitionnés, il n'était arrivé qu'à un seul, le secrétariat de la fabrique : c'était la surprise que lui réservait M. le curé; et pour bien terminer, je dirai avec La Bruyère : Il y a de certaines gens qui veulent si ardemment et si déterminément une certaine chose, que, de peur de la manquer, ils n'oublient rien de ce qu'il faut faire pour la manquer.

Bordeaux.— Imp. G. Gounouilhou, rue Guiraude, 11.

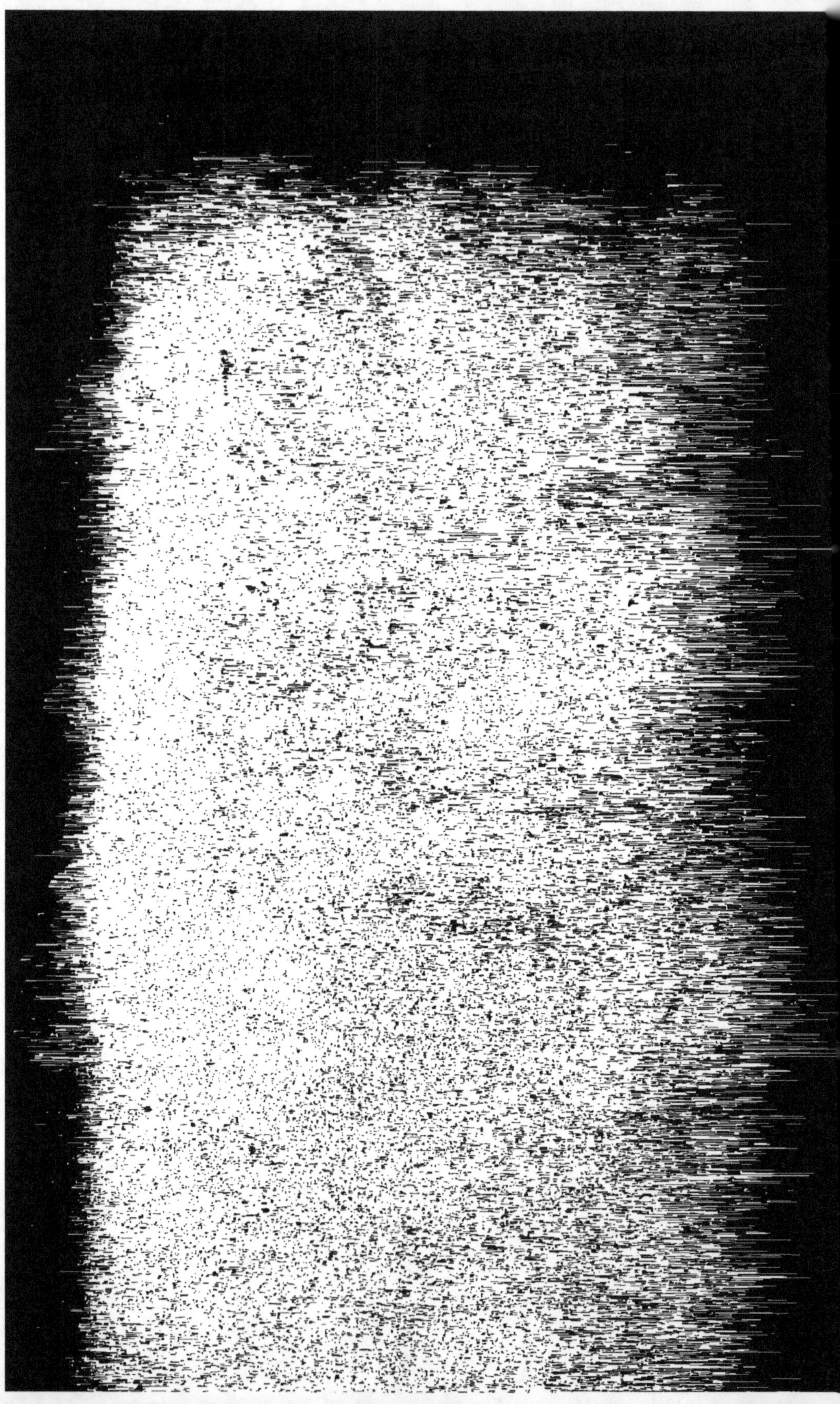